WARP AND WEFT

ALSO BY ANN MACKINNON

Nae Flooers (Tapsalteerie, 2015)

Modren Makars: Yin
(with Irene Howat and Finola Scott,
Tapsalteerie, 2022)

Warp and Weft

Poems Inspired
by The Great Tapestry of Scotland

ANN MACKINNON

RED SQUIRREL PRESS

First published in 2023 by Red Squirrel Press
36 Elphinstone Crescent
Biggar
South Lanarkshire
ML12 6GU
www.redsquirrelpress.com

Edited by Elizabeth Rimmer

Layout, design and typesetting by Gerry Cambridge
e:gerry.cambridge@btinternet.com

Cover artwork: Ola-ola/Shutterstock.com

Copyright © Ann Mackinnon 2023

Ann Mackinnon has asserted her right to be identified as the author of this work in accordance with Section 77 of the Copyright, Designs and Patents Act 1988.
All rights reserved.

A CIP catalogue record for this book is available from the British Library.

ISBN: 978 1 913632 41 0

Red Squirrel Press is committed to a sustainable future. This pamphlet is printed in Scotland by Love & Humphries using Forest Stewardship Council certified paper.
www.loveandprint.co.uk

Contents

The Great Tapestry / 7
The Highland Fault Line / 8
Calanais / 9
All Fall Down / 10
A Poem of Stone / 11
Waulking / 12
The Flooers o Flodden / 13
Nae Gaun Back / 14
The Pu o the Sea / 15
The Skirl o the Scots / 16
My First Train Journey / 17
Discovery / 18
They Brocht Me His Cap / 19
Fair Isle / 20
Nothing but Heather / 21
Crashed, 1941 / 22
A Hard Birthin / 23
Black Gold / 24
Ally's Tartan Army: A Shardorma / 25
Open the Doors / 26
The Surge of the Sea / 27

Acknowledgments / 28
A NOTE ON THE TYPES / 28

The Great Tapestry

Scotland's story is sewn.
The threads weave pictures
from the first surge of the sea,
through the ice age,

until the landscape was etched
with giant rocks, where castles
stand guard in Edinburgh,
Stirling and Dumbarton.

Crannochs, brochs and tents,
black houses, tenements, and mansions
house the many wanderers
who came ashore in Scotland.

The Angles, Romans and Vikings,
added their tongues
to the cross-stitch of history
in Scotland's Tapestry.

The Highland Fault Line

Panel 1:

I am perched precariously on the border
between Highland and Lowland,
a foot in each.

The rocks beneath my feet,
slate and schist, give way
to serpentine and marble.

Four hundred million years ago
this fold in the earth was formed
by a great tectonic collision.

There can be rumblings,
slight tilts of the earth
along the fault line
as the syncline settles,

but the old red sandstone
is a firm foundation for my feet,
placed on either side of the border.

Calanais

Panel 9:

Pytheas reached Calanais in 320BC.
The granite fingers like Greek columns
or large letters of the alphabet form a myth.

Since ancient time, like a spider's web,
radiating from the centre, they have drawn
travellers from all parts of the globe.

Pytheas was enthralled by the midnight sun,
illuminating these giants as they stood,
stark against the bare landscape.

The summer solstice brings wanderers.
They pause here to worship,
to become one with the earth.

The mystery remains—the giant runes
will not spell out their meaning,
as each new visitor touches them.

They are a source of solace,
of light and the power of a place
to cradle and protect.

All Fall Down

Panel 32

When he came, carrying the Black Death,
no borders or dykes could stop him.
He favoured everyone—
from bothy to castle,
rich and poor alike.

A touch might infect, so
no last visits from their family,
left to die alone.
Obsequies hurried,
cemeteries stacked
with burials five deep.

Afterwards, empty boats,
deserted farms, animals
abandoned. The land left
barren. No food,
just a mother's tears.

Beneath the surface,
he lies in wait,
as the rats linger,
biding their time,
until we lower our guard.
Then, we all fall down.

A Poem of Stone

Panel 36

Rosslyn Chapel is a conundrum,
carving upon carving, depicting
bible stories in a stone poem.

Seven virtues leading to St Peter,
seven sins to the dance of death,
waiting in warning in the wings.

The green man peers out
from crannies and crevices
in a complication of cornices.

The Apprentice's Pillar
dominates it all—a masterpiece
of intricacy and intrigue.

Dragons breathe brimstone at its base
and the tree of life stretches upwards
towards a better place.

Beneath this confection of stone
the chapel holds its secrets still.

Waulking

Panel 39

They knead the wool, banging,
slamming, hands shuttling
into the centre and out again.

They start in a slow rhythm.
The pace builds faster
and faster, as songs ring out.

Songs of loves lost and gained,
of travels far from home.
''S Muladach Mi 's Mi air M' Aineol.'

They lift and heft, pushing the hank
around the table, dragging it back,
as the song woman directs.

The *puirt a beul*, mouth music
makes the hard darg lighter,
until the wool is soft and ready.

They pat it, roll it out,
clap their hands, still in time,
satisfied with their work.

'S Muladach Mi 's Mi air M' Aineol: I am very sad and far from home.
puirt a beul: mouth music
darg: work

The Flooers o Flodden

Panel 40

A lanelie cross stands oan a hill
aboon a field, dreich and chill,
whaur ten thousand loast their lives.

Surroondit by his men, the king lay deid
licket by the auld enemy's bleids.
Aw they braw lads taen airlie.

The wimmin were left hairt-sair,
staundin ower their men, in tears
fur their faitherless bairns.

Men maun fecht and wimmen maun greet.
How aften will this dirge repeat.
The lasses are left, *'lonely, dowie and wae'*

'The flooers o the forest are a' wede awa,'
is played by a lane piper and caws
us tae mind aw the lives wastit.

The words in italics are from the song, 'The Flooers
O' the Forest' by Jean Elliot

Nae Gaun Back

Panel 72

The land belangt tae the laird.
He could dae wi it whit he wished.
He favoured sheep ower fowk.

Oan his biddin the sodgers cam,
hirded us oot o oor haims
an brunt them tae the grund.

We mon tak whit we micht cairrie.
So sair wur we trauchled that
we winned awa wi nae tuils.

We tried tae mak a livin by the shore
but we were nae fishermen
an oor bairns were hungert

so we swiftly boorded the ships.
The traivel wis lang and sair
til we reached they furrin lands.

We mon stert yince mair.
We kent we wid ne'er be back.
Cha till mi tuille.

Cha till mi tuille: I will not return

The Pu o the Sea

Panel 75

Bella was a herring lass,
steeped in the sea,
feet frozen in glaur and guts,

haunds happit in cloots
tae save her fingers
fae the shairp gullie

as she filleted and roosed
the silver darlings,
packed them in barrels o saut.

She warked wi the fishers,
lang oors, piece wark.
She maun dree her ain weird.

The fish wur hingit oo,
smeeked til they were strang
and ready fur aetin.

She threw aff the shackles
o fairm an family
tae follow the pu o the sea.

The waff o the brine aye
hung aboot Bella
a herring lass aw her days.

The Skirl o the Scots

Panel 79:

Yin o his freends tellt him
nae tae limit hisel wi Scots.
It wid haud him back. Aye right!

Rabbie wis a grand makar
an he wielded his rich Scots
like a claymore, skirling oot

mony a braw verse amang
his ain chiels. He gied it laldie
and spared nae Holy Willies.

As weel as his rants though,
he could mak ye lauch or
mak ye greet, fair forfochen.

Mony a bonnie ward
wis saved fur the lasses
an his sangs rang oot.

When we think oan oor brither man
or hark back tae times lang syne,
it's aye in Scots.

My First Train Journey

Panel 95

Mum took us to Edinburgh
and I still remember rattling
across the Forth Rail Bridge,

like a privileged princess,
travelling in this exotic way,
knowing nothing of its history;

this structure spanning the Forth,
icon of Scotland, a marvel
of engineering and curved symmetry,

a cantilevered construction,
curving, never-ending, like
the task of painting it.

Only later in history lessons
did I realise how precious it was—
the first bridge made from steel,

one of the main links in the chain
of railway journeys around Scotland,
a symbol of man reaching out to man.

Discovery

Panel 113:

Made from wood to withstand hard-packed ice,
it carried Scott and his brave explorers
on their first Antarctic Expedition.

The men, clothed for the weather,
in canvas oilskins and sealskin gloves,
set out full of hope.

Although frozen in ice for two years
their minds were free
to navigate foreign waters.

In the Nethergate, the March of the Penguins
graces a church wall reminding us
of the Emperor Penguins they found.

The birds are frozen in time,
as is the ship, at Discovery Point,
a memorial to Dundee.

They Brocht Me His Cap

Panel 121

They brocht me his cap,
fund oan the shore.
It is so wat.

I staund at ma kitchen table
haudin it against ma pinny.
Ma breest is soakin.

I had spent the hale week
usin the last o ma rations
tae mak a denner fit fur ma boy.

They tellt me the war wis ower
and he wuid be hame the nicht.
Maybe I wis too prood.

I thocht we'd enjoy the Daft Days
aw the gither fir the first time
in fower lang years.

Had I been too shair o masel,
hoarded ower much
fur the feast the nicht?

I must hae din summat wrang
fir Him tae tak ma lad.
'The Lord giveth and he taketh away.'

On the 31st of December 1918 the *Iolaire* sank off the coast of Lewis killing about 200 servicemen who were on their way home after the war.

Fair Isle

Panel 126

For a peerie pebble in the water,
Fair Isle makes a big splash of colour.
The knitters place a marker,
and begin their knitting in the round,
tradition repeated year in, yarn out,
row upon row of snowflakes
and diamonds, stranding.
Nordic warmth against the chill,
where the Atlantic meets the North Sea.
They welcome all newcomers,
urge them to stay, join their work,
to cast on, slip stitch and repeat,
until they cast off their former life
and bind themselves to Fair Isle.

Nothing but Heather

Panel 127

In his heid ran so muckle—
sic wechty thocts oan his countrie
and oan the thistle.

He wis fair disjeskit by times,
in his fellow chiels, but he carriet oan
and made a pint o yaisin Scots.

I'd like tae speir at him
aboot his politicks and the tongue
he chose tae scrieve in.

His heid wis a clanjamfrie o ideas
and his curly hair sprouted thistles
as he cried oot tae Scotland

no tae be sae feart,
tae grasp the future,
tae see mair nor, 'Nothing but heather.'

'Nothing but heather' is from 'Scotland Small?'
by Hugh MacDiarmid

Crashed, 1941

Panel 132

We trauchled oot o the Anderson
intae bricht daylicht an tim grund
whaur oor hoose had been.

Aw nicht we heard the blatter o bombs
and cooried thegither and sang
auld sangs o peace and love.

Then cam the mornin, we wanted hame
tae hot toast and tea, a warm bath—
instead there wis a half-hoose.

Aeroplanes fae ma bedroom wall
wir outside hingin in mid-air
and ablaw a murl o rubble.

I wis tellt no tae gan near
bit nebbiness mad me step forrit.
In amang the rubbage wis ma plane.

I'd made it oot o wan o thae kits
and hung it frae the ceilin.
Noo it wis face doon, crashed.

A Hard Birthin

Panel 137

In 1948 you wur born wi a promis
o care fae 'the cradle tae the grave'.
It wisnae an easy birthin.

Bevan made shair that naebody
maun be hindered fae treatment
fur a lack o funds.

Fur ower lang doctors were peyed
forehandit. Bit noo they wur
deeved tae tak nae siller fae fowk.

A wage wid be gein fir services
and awbody treated equal-aqual.
Nae mair turnin onybody awa.

The new-farrant bairn wis born.
Ower the years it's been a blissin
fur mony a faimillie.

In these hinnermaist months,
stretched tae the leemit,
it has kept thon guidin thocht—

mind ithers and no jist yersel.
Rax oot that helpin haund.
Noo we mon look eftir it weel,

fur it's been guid tae us
and its fowk need oor uphaudin
in these frichtsome days.

Black Gold

Panel 141

It wis like a modren sculptur,
movin doon the watter,
past oor verra noses.

We ran oot o the hoose
an feasted oor een
oan the monster,

square wi a clamjamfrey
o legs an airms,
an wild tentacles.

It made its wey oot tae sea
and began its wark
o drillin the black gowd.

Men wur weeched oot
tae wark oan it
an we thocht we'd be rich.

Ally's Tartan Army: A Shadorma

Panel 150

An army,
full of bravado
marched with
Ally, in
kilts, to Argentina,
turned it tartan.

Peru won.
They drew with Iran.
Finally
they beat the
Dutch with Archie Gemmill's
fine goal—just too late.

Que sera,
sera, game's done.
Silently,
in defeat,
Ally's Army slipped home,
saltires sagging.

Open the Doors

Panel 155

'A man's a man for aw that'
rings through the steel and slate,
echoing in the rafters.

The building in the heart of the city,
reaches out to people
to pick up the thread

in all of us, the thread
that has travelled through time,
frayed but not broken.

That thread has held strong
and the thistle has burst forth,
waiting for us to grasp it.

The Surge of the Sea

Panel 159

Her body is a cello,
clothed in yellow flowers.
She rises from the sea
pouring out her music,
praising the Gaelic.
Her red hair is plaited in
a double helix—proof
of her birth right.

Around her, fishermen
cast their nets on the waves
as the sea surges.
The ocean is roaring,
sweeping the sand.
The eternal tide
of her culture is sewn
in every thread.

Above, wild geese fly,
following their leader,
forming and reforming,
just like the tide, flowing
in its circular journey,
calling to her to soar
and sing her song,
the Surge of the Sea.

Acknowledgements

'The Surge of the Sea' was first published by 8d Press in the anthology *Lucent* (2021).

'They Brocht Me His Cap' was published in *Modren Makars: Yin* (Tapsalteerie Press, 2022).

The inspiration for this project came from the Tapestry itself and from the book on it, *The Great Tapestry of Scotland: The Making of a Masterpiece* by Susan Mansfield and Alistair Moffat (Birlinn, 2013).

Many thanks should go to the MacKintosh Group, Helensburgh for their critical reading of the poems and for their encouraging feedback.

My sincere thanks to Sheila Wakefield, Founder/Editor of Red Squirrel Press for bringing this project to fruition, to Elizabeth Rimmer for her insightful editing and for the great title, and to Gerry Cambridge for his typesetting and design.

A NOTE ON THE TYPES

This pamphlet is set in New Caledonia Lt Std, a digital version of W. A. Dwiggins' classic text face Caledonia, and released by Linotype in 1982.

Poem titles are in Palatino Sans, a recent sans serif companion to Hermann Zapf's redrawing of his classic serif Palatino; it is designed by Zapf and Akira Koyabashi.